LOVE TRAINING

LOVE TRAINING

Selected Poems 2000–2020

ANDRÉS NEUMAN

TRANSLATED BY ROBIN MYERS

PHONEME
MEDIA

DEEP
VELLUM

DALLAS, TEXAS

Phoneme Media, an imprint of Deep Vellum Publishing
3000 Commerce St., Dallas, Texas 75226

Deep Vellum is a 501c3 nonprofit literary arts organization founded in 2013 with the
mission to bring the world into conversation through literature.

LIBRARY OF CONGRESS CATALOGING-IN-PUBLICATION DATA:

Library of Congress Cataloging-in-Publication Data available upon request.
Names: Neuman, Andrés, 1977- author. | Myers, Robin, 1987- translator. |
Neuman, Andrés, 1977- Love training. | Neuman, Andrés, 1977- Love
training. Spanish.
Title: Love training : (selected poems 2000-2020) / Andrés Neuman ;
translated by Robin Myers.
Other titles: Love training (Compilation)
Description: First US edition. | Dallas, Texas : Deep Vellum Publishing,
2023.
Identifiers: LCCN 2023027192 (print) | LCCN 2023027193 (ebook) | ISBN
9781646052684 (trade paperback) | ISBN 9781646052899 (ebook)
Subjects: LCSH: Neuman, Andrés--Translations into English. | LCGFT:
Poetry.
Classification: LCC PQ6664.E478 L6813 2023 (print) | LCC PQ6664.E478
(ebook) | DDC 861/.64--dc23/eng/20230816
LC record available at https://lccn.loc.gov/2023027192
LC ebook record available at https://lccn.loc.gov/2023027193

Support for this publication has been provided in part by the National Endowment for
the Arts, the Texas Commission on the Arts, the City of Dallas Office of Arts and Culture,
and the George and Fay Young Foundation

ISBN (TPB) 978-1-64605-268-4 | ISBN (Ebook) 978-1-64605-289-9

Cover design by In-House | weareinhouse.com

Interior layout and typesetting by KGT

PRINTED IN CANADA

CONTENTS

I DON'T KNOW WHY

LOVE TRAINING

EL JARDINERO

Aprendí con mi abuelo a plantar árboles.

"Los sauces necesitan
más agua, Andrés, que vos,
y sus raíces
al principio no son
demasiado profundas.
A veces crecen rápido
y otras veces se estancan en la tierra,
asustados del aire".

Hoy no existe ni abuelo ni país
ni tampoco ese niño, pero queda
aquel sauce encorvado al que –me digo–,
Andrés, hay que cuidar,
estas raíces frágiles,
este miedo a la altura de la vida.

THE GARDENER

My grandfather taught me how to plant a tree.

"A willow needs
more water than you do, Andrés.
At first
its roots don't go
too deep.
Sometimes they grow too fast,
and other times they stagnate in the ground,
spooked by the air."

Now there's no more grandfather, or country,
or that child,
but this stooped willow—
Andrés, you have to tend it—
remains, these fragile roots,
this fear of life's tallness.

OCHO, ETCÉTERA

Ataúd camarada en el patio escolar. Uno.

Abuelo jardinero elevado a raíz. Dos.

Bisabuela lituana perdiendo la sintaxis. Tres.

Maestro descifrando su oxígeno con lupa. Cuatro.

Abuelo buceador en la bañera. Cinco.

Abuela que hace acordes

con las venas del piano. Ya van seis.

Madre subida al árbol del pulmón

por descoser el horizonte. Siete, siete.

Amigo que disuelve su silueta

masticando el teléfono. Son ocho y continúan.

Esta es mi familia,

la que enumera desapareciendo.

EIGHT, ETC.

Comrade coffin on the playground. One.

Grandfather gardener raised to root. Two.

Lithuanian great-grandmother losing syntax. Three.

Teacher translating his oxygen with magnifying glass. Four.

Grandfather diver in the bathtub. Five.

Grandmother forming chords

with piano-veins. That's six.

Mother up in the lung's tree

to unstitch the horizon. Seven, seven.

Friend dissolving his silhouette

while chewing at the telephone. Eight and counting.

This is my family,

tallied by disappearing.

EL GAS Y EL LEÑADOR

¿Por qué la voz se olvida,
se esfuma como el gas?

Globos de helio
que se sueñan inflados
de identidades.

No sé si puedo recobrar tu voz,
su afónica aspereza
de mano que acaricia
madera sin barniz.

Cada tronco susurra,
el hacha tiene oído.

Te escucho, se va el aire.
Y parece que alguien me soplara.

THE GAS AND THE LUMBERJACK

Why is the voice forgotten,
as vanishing as gas?

Helium balloons
that dream of swelling
with identities.

I don't know if I can get it back,
your voice, its ragged roughness
like a hand caressing
unvarnished wood.

Each trunk speaks in a whisper;
the axe has ears.

I hear you and the air is gone.
As if someone had blown me out.

INVENTOS A LOS QUE LLEGAMOS TARDE

No conoció mi madre
las máquinas que espuman.
Soy pensado por ella
al servirme una taza de mañana.

Como si, más al fondo de las venas,
mi madre cafeína
celebrase en voz negra los inventos
a los que llegó tarde.

LATE INVENTIONS

My mother never met
the frothing apparatuses.
She conjures me
whenever I prepare my early cup.

As if, deep in the current of the veins,
my caffeine mother
praised, dark-voiced, the inventions
that came too late for her.

PALABRAS A UNA HIJA QUE NO TENGO

Entornaré tus ojos si prometes soñarme.

Compréndeme, no es fácil velar por alguien siempre,

a veces necesito saber que tienes miedo.

Cuando sepas hablar, dame mi nombre:

diciéndome *papá* habrás hecho bastante.

No te abrigues de más en los inviernos:

más útil y más digno

es irse acostumbrando a resistir.

Si tienes ganas,

acepta golosinas de los desconocidos,

pero apréndete esto en cuanto puedas:

más frecuente es lo amargo o que te ignoren,

y no los caramelos.

Te enseñaré a leer fuera del aula

y llegada la hora quiero que escribas mar

sobre los azulejos del pasillo.

Cuando cruces por fin la calle sola

sabrás que el riesgo y la velocidad

perseguirán tus días para siempre.

No creas que en el fondo no soy un optimista:

de lo contrario tú no estarías ahí

cuidando que te cuide como debo.

Como ves, desconfío

de quienes no veneran el asombro

de estar aquí, ahora.

WORDS FOR A DAUGHTER I DON'T HAVE

I'll droop your eyelids if you promise to dream of me.

Forgive me, but watching over someone all the time

is difficult: sometimes I need to know you're scared.

Once you've learned to talk, please give me my name:

just call me *dad* and you'll have done a lot.

Don't over-bundle up

in winter: it's nobler and more useful

to rehearse resistance.

Accept candy from strangers,

if you like,

but do learn this as soon as you can:

a bitter aftertaste is far more common, or just being ignored,

and here I don't mean sweets.

I'll teach you how to read outside the classroom,

and once it's time, I hope you can write *ocean*

on the hallway tiles.

And when you cross the street alone at last

you'll see that risk and speed

will trail your days forever.

Don't go thinking I'm not an optimist deep down:

you wouldn't be there otherwise,

taking care that I take care of you.

As you can see, I don't trust

anyone who doesn't love

the wonderment of being here, right now.

Existe la alegría, pero duele;
tendrás que conseguirla.
Y cuando la consigas tendrás miedo.

Joy is real, but hurts;
you'll have to find it for yourself.
And when you do, you'll fear it.

EL TOBOGÁN

Ya comienzo a notar
una aceleración ajena,
un vislumbre borroso, la antesala
del tobogán, siempre más breve
de lo que el niño desearía
y más veloz de lo que el hombre espera.
Soy, según dicen, joven, y no obstante
ya comienzo a notar esta aceleración
extraña, que no es mía, que es del tiempo
y planea arrastrarme, sin hacerme preguntas,
hasta un parque de arena y hierba seca
donde, impulsado a ser el niño que dejé,
subo la escalerita y caigo
al encuentro del hombre que me aguarda,
familiar, con los brazos abiertos.

THE SLED

I start to sense
a new acceleration,
a blurry glimpse, the antechamber
of the sled, forever briefer
than a child would hope
and faster than we can expect.
I am, I'm told, still young, and yet
I start to note this strange
acceleration, which isn't mine, but time's,
and plans to drag me, asking nothing,
down into a park of sand and faded grass
where, propelled to be the boy I left,
I climb the steps and fall
into my contact with some man awaiting me,
familiar, open-armed.

LA GOTERA

La juventud no acaba con la edad
sino con la certeza de algún daño.
Un joven no es piel tierna
ni una fuerza infinita, sólo es alguien
que al fondo de su voz se siente intacto,
alguien cuya esperanza
tiene menos de esfuerzo que de jarrón brillante.
La certeza contraria no se llama experiencia.
Se llama simplemente suciedad.

La muerte ensucia, mancha,
enloda tu zapato de verano,
captura tu tobillo saludable,
presume de tu pierna inmaculada.
La muerte es la gotera inaugural,
es un diente en el techo,
el oficio del lobo prematuro.

Cuando la muerte ajena empieza a hacerse propia
empieza la otra vida.
Otra mucho más breve.
Y mucho más cargada de deseo.

THE LEAK

Youth doesn't end with age
but with the certainty of harm.
A person isn't young because of tender skin
or endless strength. They're only
someone who, in the voice's depths,
still feels intact, someone whose hope
is less like effort than a gleaming vase.
The opposite of conviction isn't called experience.
It's just called dirt.

Death sullies, stains,
bemires your summer shoe,
claims your good ankle,
flaunts your spotless leg.
Death is the initiatory leak,
a tooth in the ceiling,
craft of the early wolf.

When someone else's death begins to be your own,
the other life begins.
A briefer one.
And far more saturated with desire.

ROTACIÓN DE LOS CUERPOS

Rotación de los cuerpos:
describen en la cama
órbitas mientras duermen,
se alternan, se aproximan
respirando por ciclos
en su quietud volante,
buscan agua en los pozos
de una arena posible,
la pisan, dejan huella
cuando mueven los pies.

¿Hacia dónde caminan?
Quizás avanzan juntos
en sueños paralelos
y sus lunas coinciden
y por azar se esquivan
y prosiguen girando
                    hasta que un cuerpo roza
el contorno del otro.

Y no hay choque ni eclipse
sino luz y regreso
a la tierra sin orden
donde ocurre el milagro.

THE ROTATION OF THE BODIES

The rotation of the bodies:
they describe orbits as they sleep,
take turns, approach each other,
breathing cyclically
in their unmoving flight,
seek water in the wells
of some possible sand,
and tread on it, leave markings
when they shift their feet.

Where are they going?
Maybe they walk together
in their parallel dreams
and their moons coincide
and by chance they miss
and they keep turning
                    until one body skims
the outline of the other.

And there's no impact or eclipse,
just light and returning
to the unruly earth
where the miracle took place.

OTROS HOMBRES

No concluirá la luna su mudanza
sin que el sol modifique sus costumbres,
ni basta con mirar sin posesiones:
es la hora
de adelantarse al borde del espejo,
y tocarnos
como un agua primera y matutina.

Lloramos con torpeza, débiles elípticos,
ansiamos aprender
a nombrar lo dañado en carne propia.
¿No sería viril saber cantarle
a la espalda torcida que transporta
este saco de piedras heredadas?

Y estos pies ¿no son también hermosos
a su modo cuadrado y poco grácil,
preparados, por firmes, para dar
un paso hacia la duda?

OTHER MEN

The moon won't finish moving house
without the sun changing its customs,
and it won't be enough to watch without possessions:
it's time to hasten to the mirror's edge
and touch ourselves
like day's first water.

We weep, ungainly, elliptically frail,
we long to learn
to name the damage for ourselves.
Wouldn't it be virile to serenade
the twisted back conveying
this sack of inherited stones?

And these feet: aren't they also beautiful
in their own graceless, squareish way,
prepared, in their steadiness,
to step toward doubt?

FRATERNIDAD DE LA NECROLOGÍA

Te quieren por sangrar.
La venia de los lobos.

Tus pérdidas gotean empatía,
les gusta deshacerte de esa forma.

Es la fraternidad
de la necrología: enterrarnos
con amor de partera.

Ir cortándose un brazo en el saludo,
amigos en el bosque tanatorio.

THE BROTHERHOOD OF NECROLOGY

They love you for your blood.
A wolfish blessing.

Your losses trickle empathy;
they break you down this way.

It's the brotherhood
of necrology: burying each other
with a midwife's devotion.

Cutting off our own arms mid-wave,
friends in the funerary forest.

ACOPIO NUEVO

Una fuerza distinta que recicle
lo que hemos perdido.

¿Creo en la ontología?
Unas ganas de ser, en eso creo.
En esta rabia útil,
vendaval de bolsillo
que transporto a otra casa
de leves materiales.

Amor por lo que vive, si supieras
qué fácil es perderte
sabrías cuánto ansío conservarte.

NEW COLLECTION

A different strength that might recycle
everything we've lost.

Do I believe in ontology?
A thirst for being. I might believe in that.
In this practical rage,
pocket-sized gale
I carry to another house
of light materials.

A love of what's alive: if you could know
how easy it'd be to lose you,
you'd know how desperately I want to keep you.

CASA FUGAZ

Somos iguales: tienes
la exacta fortaleza
que me hace en parte débil.
Sigue siendo difícil,
en la casa terrena, desnudarse.
¿Trascender? Eso intentan los solemnes,
como si dominasen el misterio
de habitar hasta el fondo este lugar.

Si te toco, artesana,
¿desearemos estar enteramente aquí?
Durando en lo fugaz,
así transcurriría nuestra entrega.
Desconociendo cómo,
así nos buscaríamos.
Iguales en la duda. Enamorándonos
de la fragilidad de estas paredes.

MOMENTARY HOUSE

We're equals: you have
the very strength
that makes me weak in part.
It's still a trial
to strip down in the earthly home.
Transcend? Only the solemn strive for that,
as if they'd solved the mystery of inhabiting
the depths of where we live.

So if I touch you,
will we want to be here wholly?
Enduring in the momentary:
that's how we would surrender.
Not knowing how:
that's how we'd seek each other.
Equals in doubt. In love
with the fragility of these walls.

DE PIES Y MANOS

Voy viviendo de oído,
la cojera da un ritmo que refuta.
Esta bifurcación, pie mío, es nuestra.

Quisiera lo contrario: así razono.
Cada vez que reitero algún placer
me sorprendo a propósito,
como hacen los niños.

¿Qué temerá la mano sin su praxis?
Al tocarme en tu nombre
revoluciono el tacto.

ON FEET AND HANDS

I live by ear,

the limp of a refuting rhythm.

This bifurcation, foot of mine, is ours.

I'd like the opposite: that's what I reckon.

Whenever I repeat some pleasure

I purposely surprise myself,

as children do.

What has a hand to fear without its praxis?

Touching myself on your behalf,

the touch is revolution.

LA NOCHE ENTRE PARÉNTESIS

La noche entre paréntesis
y su adictivo roce
bastaron para hacerme conocer
el ansia elemental,
latidos de unas ropas,
la rápida tristeza de una vela,
música cómplice, un rincón,
el peso y la medida del olvido.

PARENTHETICAL NIGHT

The parenthetical night
and its addictive graze
sufficed to make me meet
the elemental yearning,
the thrumming of some garb,
a candle's rapid sorrow,
conspiratorial music, a corner,
the weight and measure of oblivion.

LOVE TRAINING

Esa mujer me eleva.
Me eleva en peso, digo.
Con sus brazos que cantan voluntades.
Su ascensor muscular,
los raptos newtonianos
con esta humilde masa que transporto,
demuestran que lo frágil
es un gimnasio donde cada alma
multiplica la fuerza que comparte.

LOVE TRAINING

This woman lifts me up.
The weight of me, I mean.
With her will-singing arms.
Her muscled elevator,
the Newtonian outbursts
with this humble mass I bear,
prove that fragility
is just a gym where every soul
can multiply the strength it shares.

ROPAJES

Mis trajes de soldado no son más
que miedo a la batalla.
Y peores mis trajes de turista,
como si la aventura de las calles
me aludiera.

Por si no lo sabías nunca logré emigrar,
sigo habitando en sábanas, las mismas
que humedecí de niño
cuando aún no te amaba y todavía
no había mojado tus sábanas.
Mi única destreza es protegerme.

No sé nada de espejos,
no entiendo una sonata,
callar es la virtud que no merezco.
Decirte que te amo es una historia
de mustias obviedades.

GARMENTS

My camouflage is nothing more
than battle-dread.
My tourist garb is worse,
as if the streets' adventure
were for me.

In case you didn't know, I never really emigrated,
I still inhabit sheets, the same
I wet in childhood
before I ever loved you, having
not yet dampened yours.
My only skill is self-protection.

I've never known from mirrors,
can't make sense of a sonata,
don't deserve the virtue of keeping quiet.
To tell you that I love you is a tale
of withered blatancies.

MORIR EN PARALELO

Es un dulzor trepando por la sangre.
Un plegar las persianas más adentro.
Un volumen que mengua voz a voz
en la radio obsesiva de la mente.
Una mano en la cara de mis horas.
Un ascensor cayendo hacia mí mismo.

Sólo quiero apagarme
cada noche a su lado,
en espera del día.

TO DIE BESIDE

It's a sweetness clambering up the blood.
A folding of the inner blinds.
A volume waning voice to voice
in the mind's obsessive radio.
A hand brushing the face of all my hours.
An elevator plunging toward myself.

All I want is to be snuffed out
beside her every night,
till the light breaks in.

CANTO DE TI

Nos conocimos a la edad precisa
en que todo cambiaba.
Éramos tan de aire
que no lo percibíamos,
como el viento no tiene referencias
y las ganas le brotan sin querer.

Ibas, recuerdo, en medias de resplandor cinéfilo,
te movías con la seguridad
de quien sabe que algo va a ocurrir
y aún no sabe qué es, y lo celebra.
Sonreías con nota a pie de página.
Fumabas como dando una opinión.
Tu nuca descubierta era más amplia
que el tacto del futuro.

¿Cómo iba yo? ¿Recuerdas? Me imagino
haciendo lo posible por desaparecer
bajo ese abrigo largo que tenía
más memoria poética
que el resto de mi cuerpo.
Sospecho que mi pelo se exhibía

SONG OF YOU

For Erika, on her fortieth birthday

We met at the very age
when everything was changing.
So made of air were we
that we couldn't sense it,
as the wind has no markers
and starts to want unbidden.

You liked to wear those tights of cinephilic shimmer,
and moved with the confidence
of someone certain that something will happen
and doesn't yet know what, and celebrates it.
Your smile had a footnote.
You smoked as if expressing an opinion.
Your bare neck was more open
than the future's touch.

What was I up to in those days? Do you remember?
Doing my best, I bet, to disappear
beneath that trench coat that possessed
more poetic memory
than the rest of me.
My hair on show, I guess,

para cubrir el miedo digamos específico
que tienen las cabezas extranjeras.

Pronto nos habituamos a buscarnos
sin retenernos: cultivamos el modo accidental.
Veías a otra gente y yo también.
El deseo coral nos iba haciendo
íntima multitud.
Robamos varias llaves,
insistimos en libros siempre a medias,
íbamos a conciertos sólo para mirarnos,
tachábamos palabras y sabíamos
callar sobre la hierba.

Poco a poco nos fuimos eligiendo,
como una antología del amor.
Estuvimos seguras no por ninguna estrella
ni intuiciones pasivas, que es opresión con aura;
estuvimos seguras porque el tiempo
conversó con nosotras y nos hizo,
entregándonos toda su materia.
Y poco a poco fuimos traduciéndonos
en esta lingua franca, de una a otra orilla.
Porque nos enseñamos lo mismo que aprendimos.

Tuvimos cada una nuestra casa,
fabricamos espacio, contexto compartible.
Crecimos cada cual por separado

to disguise the specific fear
harbored by foreign heads.

We soon got used to seeking out the other
and never staying long: we nursed an accidental mode.
You saw other people and so did I.
Slowly, choral desire
made an intimate crowd of us.
We stole some keys,
read books halfway,
went to concerts just to look at each other,
crossed out words and knew
to hush in the grass.

Little by little, we began to choose each other,
like an anthology of love.
We weren't convinced by any star
or passive intuition, which is oppression with an aura;
we were convinced by time, which spoke
with us and made us,
delivering its matter to our care.
Little by little, too, we translated each other
into this lingua franca, shore to shore.
Because we taught each other everything we learned.

We each found an apartment,
we manufactured space, shareable context.
Our growth was independent

para que fuese ancho el habitar.

Nos recuerdo en tu alfombra,

una mezcla de gata y de naranjo.

Aquel banco zancudo que jugaba a trepar.

Aquel pequeño armario donde tu piel se hizo

tan grande como el mundo que nombrábamos.

Hubo tantos estantes en la siguiente sala

que hasta la noche oscura se leía.

Nos costaba dormir siendo contiguos,

tus ojos dialogaban con el amanecer.

Había una campana en una puerta

y un vinilo en silencio:

la música de hablarnos.

Y fuimos y vinimos, como el mar

que a veces visitábamos a la luz de los versos

en las manos. Vacaciones

era para nosotras el trabajo

de hacer introspección en compañía.

Así se ama y se escribe, eso supimos,

deseándole un plural al yo que canta.

Devoramos fronteras

que ampliaron el perímetro de nuestra intimidad.

Nos pareció que había hogar en todas partes

o una fiesta de centro disponible.

Plegamos las ciudades con la ropa,

releímos reflejos,

so the dwelling could be broader.
I can still see us on your rug,
a mix of cat and orange tree.
The lanky stool that seemed to climb itself...
The little closet where your skin became
as whole as the world we were naming.

There were so many bookshelves in the next living room
that even the dark night was readable.
We found it hard to sleep adjacently;
your eyes conversed with daybreak.
There was a bell above a door,
a silent record:
the music of our speech together.

And so we came and went, much like the ocean
that we sometimes visited, lit by the bits of poems
we carried in our hands. Vacations
meant for us the work
of introspection in close company.
That's how to love and write, is what we learned,
wishing a plural for the singing self.

We wolfed down borders
that expanded our circumference.
It felt like home was everywhere we looked,
or else a party with an open center.
We folded cities with our clothes,
reread mirrors,

abrazamos montañas,

llegamos a un desierto con gotas de sentido.

Viajamos para ver qué veía la otra.

Invertimos inviernos en nuestra resistencia.

Ganamos una casa y yo perdí una madre

en la misma mudanza de relojes.

Vinieron los bisontes y aplastaron

esta espalda que abrazas.

Hicieron su trabajo de dolor,

pasaron y se fueron.

Plantamos dos abuelas.

Crecida, nunca intacta,

conseguías flotar de inteligencia

en un mar removido.

Habitando las pérdidas,

amueblando los huecos,

comprobamos la fuerza de elegir el ritual.

Conviviendo entre reglas que inventamos,

nos corría un anillo sin cerrar

en cada dedo que se entrelazaba,

esos dedos de grillo que aún teclean

desde mesas recíprocas.

Igual que los ancestros murmuraron

al oído o al margen,

que una generación entera se redujo al absurdo

de su propia potencia,

hugged mountains,

came to a meaning-spattered desert.

We traveled to see what the other saw.

We invested winters in our resistance.

We gained a house and I lost a mother

in a single shift of clocks.

The buffalo returned and crushed

this back that soaks up your embrace.

They did their painful work,

then passed and left.

We sowed two grandmothers.

Grown up, never intact,

you always found a way to float with insight

on rough seas.

Inhabiting our losses,

furnishing hollows,

we sensed the strength of choosing ritual.

Living among the rules of our invention,

an open ring slipped down

each finger we entwined,

those cricket fingers that keep typing

at reciprocal desks.

Just as the ancestors murmured

into our ears, or in the margins,

as a whole generation was reduced to the absurdity

of its own potential,

te tocó aterrizar en pleno páramo.
No perdiste las alas
porque nunca pudiste permitírtelas:
el vuelo era cavar
las fosas del relato, más adentro.
Fuiste fuerte y precaria,
fuimos carne de remo y cuatro brazos.

Y chocaste con algo, y ese algo
se desplazó del golpe. Hubo un esguince
en cada percepción. El ansia lenguaraz
trascendió el techo.
Y de pronto hubo aire a trompicones,
esa especie de oxígeno
brusco, posdoctoral
que tomó los pulmones al asalto
y el cuerpo laboral de los pensantes.
Rabiábamos tomadas de la mano,
el eros salpicado de política.
Y la historia crujió como los goznes,
porque la expectativa da la escala
de su propia violencia.

Pero hay una marcha, la única que entiendo:
seguirte y deducir adónde vamos.
Revisar mis pisadas, su extravío de muchos.
Escucharte diciendo, resonando en tus otras,
aspirar, ojalá, a ser una de ellas.
Una de las que cantan saliendo de su asombro.

you had to touch down on a barren plain.
You didn't lose your wings
because you never could afford them:
flying meant digging
the story's graves, deeper in.
You were tough and precarious,
we were four arms, oar-flesh.

And you knocked into something, and that something
came dislodged. There was a sprain
in each perception. The foul-mouthed urge
transcended the roof.
And then there came a tumbling air,
that kind of curt,
post-doctoral oxygen
that took the lungs by storm,
the workforce of the thinking bodies.
We raged, clutching each others' hands,
Eros flecked with politics.
And history creaked like hinges,
because the expectation yields the scale
of its own violence.

But there's a march, the only one I understand:
to follow you and work out where we're going.
To check my steps, their loss of many like myself.
To hear you reverberating in the other women that you are,
and aspire, hopefully, to be among them.
One of the selves singing their way out of their wonderment.

Te veo hacer y ser y transformarnos
y no encuentro un espejo, sino más horizonte.

Como el tiempo ironiza ante mis cálculos,
me extraña que hoy perdone cierta simetría:
media vida sin ti, en preparativos,
entrenando los músculos del alma;
y la otra mitad en el encuentro,
reunidas hasta el último aliento de lenguaje.
No podemos saberlo, pero bien lo sabemos.

Ahora, sin querer, cumples cuarenta.
Es el único número redondo
que se adapta al desorden de tu alcance,
tu pulsión polimorfa.
Hoy somos nuestra propia creación,
dos aprendices
de nuestro ser nosotras.
Mi amor cumple cuarenta.
Nuestro amor sin edad, que es adicto a aprender.

I watch you do and be and change us both
and find no mirror, only more horizon.

As time taunts all my calculations,
I find it strange that it allows some symmetry today:
a half-life without you, getting ready,
training the muscles of the soul;
the other half in our encounter,
until the final breath of language.
There's no way we can know it, but we do.

And now, unwittingly, you're turning forty.
The one round number
to ever acclimate to your unruly scope,
your polymorphous pulse.
Today, we are our own creation,
two apprentices
to being us.
My love is turning forty.
Our ageless love, addicted to learning.

BUENOS AIRES AL VUELO

Todo comienza en la tercera planta del pasado,
la quinta puerta al fondo del olvido.
Abro, cierro: hay viento suficiente
para escapar, y tiempo para entender al fin.

Las calles coloniales, sucias de San Telmo
que alguien en mi nombre recorre alucinado,
la esquina de los gritos donde guardan
los víveres de alguna semifusa,
la placita Dorrego, raíces como músculos,
los domingos en venta su sol artesanal;
aquel otro mercado, hangar de contraluces,
cuando el precio del pan subía cada tarde,
quedarme con el cambio, tan sólo dos monedas
y dos también, y solos, los amores:
la rara pelirroja de la calle Juncal,
aquella bailarina que galopaba en zapatillas leves,
más allá las mañanas borrosas y de escarcha
camino al puerto, dársenas y grúas,
soñolienta gimnasia de sus amaneceres, la marrón
pestilencia del río, avergonzado de la historia
y del vuelo de aquellos helicópteros;
el terror, ciertos golpes, piruetas para entrar en los potreros,
un reloj alemán que se llevó las horas,
abro, cierro,

BUENOS AIRES IN THE BLINK OF AN EYE

It all begins on the third floor of the past,
fifth door in the back of oblivion.
I open, shut: there's enough wind
to escape, and time to finally understand.

The grimy colonial streets of San Telmo
that someone wanders, stunned, wearing my name,
the corner of the shouting where they keep
a supply of semiquavers,
Plaza Dorrego, roots like muscles,
its artisanal sun for sale on Sundays;
that other market, shed of backlights,
when the price of bread rose every afternoon,
keeping the change, only two coins,
and just two loves, alone:
the quirky redhead who lived on Calle Juncal,
dancer galloping along in slender sneakers,
past the hazy mornings and the frost
on the way to the port, all docks and cranes,
the sleepy acrobatics of its dawns, the brown
plague of the river, ashamed by history
and by those helicopters flying overhead;
the horror, certain beatings, somersaults to end up in the paddocks,
a German watch that filched the hours,
I open, shut,

el grito de ese niño que me aturde

despertando algún miedo en otro idioma,

gente que aún traduzco, el ajedrez color

pomelo en la avenida Independencia, mi amigo el heladero,

su desaparecer, las bicicletas en el parque Lezama,

esa velocidad con que se alejan,

la risa, el maquillaje, el escenario

de los domingos en la plaza Francia,

entre parques y plazas corre el tiempo;

presuntas libertades, el Once, el colectivo 86,

el mantra de haber sido futbolista u hombre muerto,

aquel temible patio de los puñetazos,

jugar al escondite era un alivio,

cierro, cierro,

un club donde nadar era aprender a ahogarnos,

un abuelo con gorra lúcido hasta el suicidio,

otro que vive en hábitos y gestos que aprendí

mucho más tarde, desandando la escala,

una casa de barro en las afueras, un jardín que encogía,

un almanaque viejo y un cuadro con un circo, las abuelas

de manos que se rompen, un balón ascendiendo;

el templo de los goles en la Boca, su garganta de hierba,

el transistor oculto debajo de la almohada, el laberinto

entre Alsina y Moreno, la muerte junto al álgebra,

esas únicas fiestas en las cuales bailaste, ¿seguro que bailaste?,

el Teatro Colón o la caverna adonde secuestraban

el violín de mi madre cada día, el corredor

desierto y enemigo, las intrusas con vaqueros rosados,

un balón descendiendo;

the young boy's scream that dazes me,

waking some fear in another language,

people I'm still translating, the grapefruit-colored chess set

on Avenida Independencia, my friend the ice-cream seller,

his disappearance, the bicycles in Parque Lezama,

how fast they zoom away,

laughter, makeup, the stage

on Sundays in Plaza Francia,

time fleeing between parks and squares;

alleged freedoms, the Once neighborhood, the 86 bus,

the mantra of having been a soccer star or dead man,

the fearsome playground of the punches,

playing hide-and-seek was a solace,

I shut, I shut,

a club where swimming meant learning to drown,

a behatted grandfather, lucid into suicide,

another living in the quirks and gestures I would learn

much later, climbing down the ladder,

a clay house on the outskirts, a shrinking garden,

an old almanac and a painting of a circus, grandmothers

with cracking hands, a skyward ball;

the temple of the goals in Boca, its grassy throat,

the transistor radio tucked beneath the pillow, the labyrinth

between Alsina and Moreno, death next to algebra,

the only parties where you ever danced, did you really dance?,

Teatro Colón or the cavern where they kidnapped

my mother's violin each day, the hall

deserted, adversarial, intruders in pink jeans,

an earthward ball;

aquel mirar vacío de cierto amigo muerto en delantal,

su cara detenida como en un papel pálido,

los varios ataúdes que me hicieron adulto,

la madera del ébano, un arco y un caballo,

un Dodge naranja incendio,

el viento suficiente para que se propague,

un limonero roto, un sauce en pie, ladrones

sin sombra y una puerta perforada,

un ladrón diferente en el espejo: ese balcón

al otro lado, ya me asomo, del tiempo

y del aire y del plano que se acerca

a dos ojos cerrados,

las luces y los pozos,

el bobo señalar de un obelisco,

la bóveda nublada,

esa repetición de la caída,

su aterrizaje urgente,

su riesgo necesario,

las calles de allá abajo y aquí dentro.

Igual que en el mercado yo quisiera

quedarme con el cambio, ser ayer

teniendo la memoria de mañana.

A mí se me hace cuento que existiera un lugar

al que pertenecer, un árbol sin raíces, una línea

que ya no tiene suelo, palpita de invisible,

traza su propio mapa en mi reverso, habla,

duele y remonta el vuelo.

that empty gaze of some dead friend still in his smock,

his face halted as if on a blank sheet of paper,

the several coffins that turned me into an adult,

the ebony, a bow and horse,

an orange Dodge ablaze,

the wind it takes to spread,

a splintered lemon tree, a willow still standing, shadowless

thieves and a punctured door,

a different thief in the mirror: that balcony

on the other side—I'm peering in—of time

and air and the street plan approaching,

both eyes shut,

the lights and wells,

an obelisk's dumb finger,

the cloudy vault,

that repetition of the fall,

its urgent landing,

its necessary risk,

the streets down there and here, inside.

As in the market, I would rather

keep the change, be yesterday

remembering tomorrow.

Hard to believe that there's a place

you can belong to, a rootless tree, a line

with no ground underneath, throbbing invisible,

that traces its own map across my back, that speaks,

hurts, takes flight again.

PENÚLTIMA DERROTA FRENTE AL MAR DEL SUR

Después de que los bárbaros llegasen
rompiendo cerraduras al unísono,
confiscando los ojos del padre labrador
y de la madre experta en cultivar su espalda
y los pies de sus hijos,
volcando nuestros lechos como botes,
arrancando las parras luminosas,
trazando con espada la frontera,

después de que los bárbaros entrasen
acampando en las bocas,
llenando de monedas los zapatos,
cortándonos los dedos por la mecha,
apagando las velas tartamudas
que titilan al sur pero no alcanzan,
empuñando su lengua
y todo un diccionario de silencio,

después de que los bárbaros, en fin,
fuesen nuestros vecinos que saludan,
nuestra gente educada en traicionarse,
los niños partidarios del pedrusco,
los hermanos en bíblico negocio,
los abuelos a punto de exiliar a sus nietos,

SECOND-TO-LAST DEFEAT, LOOKING OUT
OVER THE SOUTHERN SEA

After the barbarians had come,
shattering locks in unison,
seizing the eyes of the farmer-father
and of the mother, tending her back
and the feet of their children,
overturning our beds like rowboats,
uprooting the luminous vines,
tracing the border with their blades,

after the barbarians had infiltrated,
setting up camp in mouths
and filling shoes with coins,
cutting our fingers at the wick,
snuffing the candles that stuttered
in the south, but not enough,
wielding their tongue
and an entire dictionary of silence,

after the barbarians, in any case,
turned out to be our waving neighbors,
our people trained to cross each other,
the children always ready to throw stones,
the brothers bound in Biblical transactions,
the grandparents exiling their own grandchildren,

el panadero horneando hambre,
el carpintero en manos del martillo,

nadar en este mar es una acción política.

the baker baking hunger,

the carpenter clutched in the hammer's hands,

to swim in this sea is a political act.

FOREIGN MUSIC

EL CICLO DE LA PIEDRA

La piedra que reposa sobre tierra.
La tierra que agitada lanza al aire
una piedra distinta, voladora.
El pájaro ligero que en trayecto
gris hacia el horizonte cae al mar,
y sumado a la vida se confunde
con la larga promesa de las olas.
Promesa libre que –adelante el tiempo
y adelante el azar– trae una piedra
inquieta y nadadora hacia la orilla.
El niño que asombrado por lo simple,
bajo el destello anónimo del cielo,
la devuelve al vacío, donde aguarda el poema.

THE CYCLE OF THE ROCK

The rock that rests on earth.
The agitated earth that flings into the air
a different rock in flight.
The weightless bird on its gray course,
horizon-bound, that falls into the sea,
joins life, and is mistaken for
the waves' long promise.
A promise freely made—with time
and chance ahead—that draws a restless
swimmer-rock onto the shore.
The child, astonished by simplicity
beneath the nameless brilliance of the sky,
who returns it to the void, where the poem is waiting.

FICCIÓN DE VISTA

Mirando se inaugura una ficción.
Creo ver lo que está,
y me formo
la versión de un agujero.

Confío ciegamente en estos ojos
y en este corazón inadvertido,
en la objetividad
de mis pulmones,
en la ecuación del hígado
contando nuestros brindis.

No sé si la cortina
sensible oculta algo
o si la realidad es eso,
una cortina sola.

Le tengo gratitud
como el venado crédulo en el río,
como el depredador que lo vigila,
como el ave celebra
su propia panorámica.

Me asomo al patio
y veo

FICTIONS OF SIGHT

Looking fires up a fiction.
I think I see what's there,
and shape
the version of a hole.

I am a blind believer in these eyes
and this unwitting heart,
in the objectivity
of my lungs,
in the liver's calculations
as it counts our toasts.

I'm not sure if the senses'
curtain cloaks something
or if that's just reality:
a curtain in itself.

I'm grateful to it
as the trusting deer reveres the river,
as its predator lying in wait,
as a bird assembling
its own panoramic view.

I peer into the yard
and see

un cuadrante de cielo
con sus hebras de luz,
donde se agita
la ropa del desnudo
que llamamos sentido.

Lo indago en braille aéreo,
distingo identidades aleatorias,
elijo una certeza.

Un broche de color sobre una línea.
El punto de tensión.

a square of sky
threaded with light, disheveling
the garments of the naked
form we call sense.

I make out stray identities
in Braille across the air;
I choose a truth.

A brightly colored clothespin on a line.
The point of tension.

LA OTRA VÍA

Un poema no acude
a un solo andén.

En la estación que sabe demasiado
lo que quiso decir,

descarrilan los trenes.

THE OTHER TRACKS

A poem doesn't arrive
on just one platform.

At the station that knows perfectly well
what it meant to say,

trains are derailing.

PLEGARIA DEL QUE ATERRIZA

Cielo, yo que no creo que en ti floten mensajes
y que leo en el alma (y digo alma)
cómo nada más alto nos protege
que el placer, la conciencia y la alegría,
yo te prometo, cielo, si aterrizamos sanos,
que guardaré este miedo que hace temblar mi pulso
mientras escribo en manos de la furia del aire.
Lo guardaré, si llego, no para fabular
razones superiores ni para desafiarlas
sino por recordarte siempre, cielo,
liso, llano y azul como ahora te alcanzo,
hermoso, intrascendente, un simple gas que agita
la luz y me conmueve
como sólo un viajero transitorio,
como sólo un mortal puede saberlo.

A PRAYER FOR LANDING

I, O Sky,

who don't believe that any message drifts around in you

and flip through the soul's book (and I do mean soul),

learning that nothing loftier protects us

than pleasure, joy, and consciousness—

I promise, Sky, that if we touch down safely,

I'll keep this fear that jolts my pulse

as I try writing in the hands of air enraged.

I'll keep it, if I make it back to land, not to hatch

up finer motives or defy them,

but only to remember you forever, Sky,

as smooth and flat and blue as I can see you now,

majestic, insignificant, a simple gas that rattles

light around and touches me

as just a passing traveler,

as just a mortal feels.

EL PARAÍSO LITERAL

Brilla sin anunciarse.
Apenas hace falta alzar la vista.
Es un ofrecimiento
que la vida nos hace silenciosa
esperando que sean dignos ojos
y digna su alegría.

Sencillamente azul dentro del pecho:
qué dicha haber llegado
al lugar donde estaba.
Hoy quisiera
no añadir una coma
al cielo literal de cada día.

THE LITERAL PARADISE

It shines without announcement.
You don't even have to look up.
It's an offering
that life grants us in silence,
hoping for worthy eyes,
their worthy bliss.

Just blue inside the chest:
a joy to reach
where I already was.
Today I wouldn't add
a single comma
to the literal sky of every day.

ODA SOBRE LA ODA DEL VIEJO RUISEÑOR

Sentado bajo el árbol que sustituye al árbol
donde John Keats oyó cantar al ruiseñor,
me pregunto qué acordes hubieran sorprendido
al poeta una tarde del año 2006.
El oído es un ojo que lee como vive
y la vida presente se ha vuelto un pentagrama
caótico, crispado, cada vez más agudo.
Tampoco el ruiseñor sería el mismo pájaro:
antes era un milagro en medio del reposo,
melódico misterio en labios de la noche.
Pero hace ya tiempo que los seres alados
perdieron el reloj a través de las ramas
y un reflejo nervioso de vatios en cadena
los obliga a piar torpemente a deshora.
Hoy Keats no escucharía a ningún ruiseñor,
ni sería capaz de distinguir su trino.

Pero, ah, ¿y si pudiera? ¿Y si en este jardín
bajo el cielo de Hampstead quedara algún jirón
de silencio flotando? De ser así me temo
que esta tarde el poeta ya no habría envidiado
la estirpe voladora, ni exclamado en un trance
de armónico furor: "¡Tú no naciste
para la muerte, pájaro inmortal!".
Se habría referido más bien a la extinción

ODE ABOUT THE ODE TO A NIGHTINGALE

Seated beneath the tree replacing the tree
where John Keats listened to a nightingale,
I wonder which chords would have stunned
this poet on an afternoon in the year 2006.
The ear is but an eye that goes on reading as it lives
and the present has become a tense, chaotic
pentagram, shriller and shriller.
Of course, the nightingale would be a different bird:
it used to be a miracle amid repose,
melodic mystery on the lips of night.
But it's been quite some time since winged creatures
lost their clock through the branches,
and a nervous reflection of unceasing watts
forces their chirps at clumsy hours.
Keats, today, would hear no nightingale at all,
or even know how to identify its trill.

And yet: what if he could? What if this garden
under the Hampstead sky still held some scrap
of floating silence? If so, I fear
the poet would have felt no envy for the flying stock
this afternoon, nor blurted in a trance
of ardent harmony: "Thou wast not born
for death, immortal Bird!"
He would have meant, instead, the extinction

de especies muscicápidas, al *smog* enredado
entre sus alas cortas o al tenso laberinto
de cables en el aire que dificulta el vuelo.

Y pese a todo Keats, que cantaba mejor
que el cándido jilguero o la inconsciente flauta,
al final suspiró: "No nos puede engañar
tan bien la fantasía", dudando si los sones
habían sido fruto de un sueño pasajero.
Quizás esa sospecha amarga y terrenal
(que en vez de hundirlo eleva su poema)
nació del rumor rojo de las enfermedades,
de la sangre perdida por la boca que canta.
Al comprender temprano que su vida era breve,
el ruiseñor John Keats intentó imaginar
una voz más constante durando en las alturas,
algún pájaro eterno a lo largo de siglos
unísonos, aéreos . . .

                    Y fue en aquel refugio,
resguardado a la sombra de este leve ciruelo
que no es el genuino y que me desprotege,
donde el joven cantor soñó la permanencia
hace doscientos años, sin suponer que alguien
(yo mismo o cualquier otro: la historia nos trasplanta)
pagaría un billete para probar su asiento
y saldría más tarde pensando en viejas odas,
en la remota cuerda de la tuberculosis,
oyendo un aleteo de fugaces motores

of flycatcher species, the tangled smog
between their stubby wings, or the taut labyrinth
of cables in the air, impeding flight.

And Keats, despite it all, a finer singer
than the guileless goldfinch or the senseless flute,
sighed in the end, "the fancy cannot cheat
so well," suspecting that the songs
could be the fruit of some ephemeral dream.
Perhaps that bitter, earthly doubt
(which elevates his poem instead of burdening it)
was caused by the red rumor of his illnesses,
the blood lost through the singing mouth.
Realizing early that his life would be cut short,
the nightingale John Keats tried to invent
a more constant voice enduring in the heights,
some bird living eternal through the unison,
aerial centuries . . .

                        And it was in that refuge,
protected by the shade of this slight plum
that's not the real one and gives me no shelter,
where the young singer dreamed of permanence
two hundred years ago, not even guessing that someone
(me or any other: history transplants us)
would pay a bill to try his seat
and walk out later thinking of old odes,
the distant strumming of tuberculosis,
hearing a wingbeat of ephemeral engines

(¿de dónde provendrán?, ¿adónde vuelan?)
y parando a comprar un frasco de jarabe
en la absurda farmacia llamada *Keats*, oh tiempo,
que han abierto a la vuelta de su jardín inmóvil.

(where do they come from? where will they go?)
and stopping for a bottle of cough syrup
from the ludicrous pharmacy called *Keats*, O time,
they've opened down the block from his immobile garden.

NECESIDAD DEL CANTO

En memoria de Izet Sarajlić, poeta

Perdiste a tus hermanos,
tuviste que hermanarte.
En la noche incendiada en Sarajevo
los enterraste a solas esquivando
la puntería alerta del francotirador.
Resistías sin fuego ni cuchillos,
pedías una calle, alguna esquina
para amantes y para fugitivos
donde nunca ocurriese una catástrofe.
Una calle con vista al Mrkovići,
la montaña de la que te venían
lo mismo golondrinas que granadas.
Pero a mayor altura
–sin heroísmo, por supervivencia–
volaban tus palabras con sus dones.

Leyéndolas me acuerdo
de Adorno y su afilada zancadilla:
¿cómo escribir después del exterminio?
Los muertos ya no leen.
Y en cuanto a los que viven,
entender la poesía como un lujo

THE NEED FOR SONG

In memory of the poet Izet Sarajlić

You lost your family,

had to be your own.

In the blazing night of Sarajevo,

you buried them alone, dodging

the sniper's watchful shot.

Resisting with no fire or knives,

it was a street you asked for, some corner

for lovers and for fugitives

where a catastrophe would never strike.

A street where you could see the Mrkovići,

the peak that would send you

both swallows and grenades.

But at a greater height—

not out of heroism, just for survival's sake—

your words flew with their gifts.

Reading them, I think

of Adorno and the brakes he hit:

how to write after extermination?

The dead no longer read.

As for the living,

treating poetry as a luxury

nos condena a vivir más desalmados
y al arte a cantar culpa. La palabra
no es un gesto apacible de verano.
Igual que una semilla atravesando el hielo
el dolor nos empuja a preguntar.
Bajo las explosiones y la sangre
tú esperabas la hora de escribir
poemas amorosos de posguerra.
Eso también se llama compromiso:
levantar
el verbo de las ruinas
y sembrar de esperanza el camposanto.

Tu traductor recuerda
que vio una enredadera en Sarajevo
henchida de verdor, iluminada,
dispuesta a no rendirse.
La imagino trepando hacia la música
como el tacto creciente de una mano
sobre una espalda al sol.
De acuerdo, no muy tarde
avanzará la noche hasta cubrirla,
es cierto que el silencio enfría el verde.
Pero mientras la suerte lo consienta
regresará la luz a la garganta:
un poeta, dijiste, es quien consigue
pese a todo empezar de cero siempre.
Frente al nuevo renglón de la mañana,

condemns us to more heartlessness,
dooms art to sing of guilt. Language
isn't some summer gesture.
Like seeds that split the ice,
pain drives us to our questions.
Under the explosions and the blood,
you waited for the time
to write post-war love poems.
This too is called commitment:
to lift
verbs from the ruins
and plant hope in the graveyard.

Your translator recalls
a climbing plant he saw in Sarajevo,
inflamed with green, illuminated,
willing to not give up.
I picture it ascending toward the music
like a hand's expanding touch
against a sunlit back.
All right, it won't be long
until the night advances and consumes it,
it's true that silence cools the green.
And yet, as long as fortune spoils it,
light will return to the throat:
a poet, you said, is someone who,
despite it all, always manages to start over.
Facing the new line of the morning,

Izet Sarajlić, prometemos
dejar la casa abierta
y seguir con el canto.

Izet Sarajlić, we promise
to leave the door unlocked
and keep singing.

LOS ERRORES PERFECTOS

La simetría: un animal sagrado
que pide ser sacrificado al sol.
El rigor cuando sueña se convierte
en un círculo blando que se abre
inundando de jugo
la razón y sus formas.

El ansia por lo exacto
conduce, si es sincera, a lo imperfecto.
Sé que la perfección
es el arte marcial de quienes temen,
que toda proporción bien entendida
renuncia al consumarse.

Generosos errores, necesito
belleza improvisada.

PERFECT MISTAKES

Symmetry: a sacred animal
that asks to be slaughtered in the sun.
Its rigor when it dreams becomes
a pulpy circle splitting open,
flooding reason and its forms
with juice.

The fervor for exactitude
produces, when it's honest, something flawed.
I know perfection
is the martial art of fear,
that any fully grasped proportion
is renounced when consummated.

Magnanimous mistakes—I need
impromptu beauty.

EL KILÓMETRO EXTRA

No puedo comer el espacio,
y me pesa.

Cuando miro adelante
el futuro me elude
como una lagartija.

Todo lo ocupa eso
que me queda lejano.

El kilómetro extra.
El horizonte en marcha.

THE EXTRA MILE

I can't eat space:
I hate that.

When I look ahead
the future darts off
like a lizard.

It's occupied by everything
beyond my reach.

The extra mile.
The skyline on its way.

MÍNIMAS MISERIAS DE LA PUNTERÍA

Este insecto es el héroe
de alguna resistencia.
Revolotea en torno
a mi mano enemiga
y esquiva cada intento
de interrumpir sus tenues digresiones.

Como no soy capaz, más bien lo admiro.
¿La admiración
combate esa impotencia
o la confirma?
¿Mi compasión es fruto
de la falta de acierto?

El insecto me deja
su autógrafo en el aire
con un leve zumbido de epigrama.

TINY MISFORTUNES OF TARGET PRACTICE

This insect is the hero
of some resistance movement.
It flutters around
my enemy hand,
evading all attempts
to interrupt its faint digressions.

I fail, so I admire it instead.
Does this counter my helplessness
or validate it?
Is my compassion caused
by lack of skill?

The insect jots me off
its autograph in the air
with the muted buzz of an epigram.

EL RUIDO NECESARIO

Algunos accidentes ocurren porque sí
y otros muchos ocurren porque no,
por evitar camino.

El no es un accidente con aspecto de atajo,
un clavo en el neumático de la curiosidad.

Cada pregunta rompe el mecanismo
y ese descarrilarse, más o menos,
hace un ruido de amor.

THE NECESSARY NOISE

Some mishaps happen just because
and plenty others because they don't,
because they try to skirt a path.

No is an accident that passes for a shortcut,
a nail embedded in the tire of curiosity.

Every question throws a wrench in the gears
and this derailing, more or less,
lets out a noise of love.

OSCURO A MEDIAS

La oscuridad fermenta
en la boca cerrada
y su mal pensamiento.

Nadie nombra el camino
que mis pasos eluden,
la soledad es arte
que se me queda a medias.

¿Y la rabia? Eso vuelve,
búmeran impuntual,
cuando ya nadie puede recibirlo.

HALF-DARK

Darkness ferments
in the closed mouth
and its bad thoughts.

No one can name the path
my steps evade;
my solitude's an art
I half pull off.

And rage? Well, that comes back—
belated boomerang—
when no one's there to grab it.

RUIDOS EQUIVOCADOS

Algunas cosas hacen
ruidos equivocados:
problemas de doblaje con el mundo.

De pronto un vaso tiene voz de niño,
el tenedor escarba una cabeza,
una mesa chirría su neumático.

El desorden provoca observación
en la misma medida que la música
discrepa de sus previas armonías.

Llevo en la espalda el eco
de la puerta que acabo de cerrar,
como esa noche en que dijimos frases
que merecían otros.

WRONG NOISES

Some things make
the wrong noises:
hiccups in the dubbing of the world.

A glass speaks like a child, all of a sudden;
a fork scrapes at a head;
a table's tires screech.

The disarray prompts observation
as music quarrels with
its prior harmonies.

I bear it on my back: the echo
of the door I just slammed shut,
like the night we spoke sentences
others deserved.

LA CURVA CORAZÓN

Existe en matemáticas
una curva distinta a la que algunos,
los que nunca han dudado de las cosas,
llaman curva de Koch.
Los perplejos en cambio han preferido
denominarla así: *copo de nieve.*

Se comporta esta curva
multiplicando siempre su tamaño
por cuatro tercios y hacia el interior,
llegando de tan densa al infinito
sin rebasar su área diminuta.

Así mismo, artesana,
te creces muy adentro:
habitándome lenta,
quedándote con todo, sin forzarlo,
este pequeño corazón hermético.

THE HEART CURVE

There is in mathematics
a different kind of curve that some,
the ones who've never doubted anything,
call the Koch curve.
Some flummoxed others have preferred
to call it *snowflake*.

This curve behaves
by always multiplying its own size
inward by four thirds:
densifying to infinity
without ever surpassing its tiny range.

So too
do you grow deep inside:
inhabiting me slowly,
claiming, never with force, the whole of this
little hermetic heart.

CAÍDA DE LA NIEVE

Jamás ha sido blanca:
en su origen empuja
sedimentos y tierra,
los negros, naturales
residuos de la vida.

No hay ninguna inocencia que perder,
la inocencia está al fin de la escalada,
lo virgen es impuro, se construye.

La nieve necesita
del barrido interior de la palabra,
de su aguda atención, de su rastrillo
para tratar de ser
y sostener el blanco.

SNOWFALL

It's never been white:
at its source, it drives
out sediments and earth,
the natural dark
residues of life.

There is no innocence to lose,
innocence waits at the top of the ascent,
virginity's impure, gets built.

Snow needs
to be swept inside by words,
their sharp attention, their toothed rake,
if it's to try to be
and bear the white.

LA DULCE CUCHARADA

Es lo que necesito para hablar.
No el hecho: la inminencia.
No el vuelo del gran pájaro
sino un roce de ala.

La palabra dibuja
la meta sin el límite.
En su persecución interminable
el casi me seduce, me transporta.

Tengo ganas de casi para siempre.
De restarle a lo exacto la dulce cucharada.

THE SWEET SPOONFUL

Is what I need to speak.
Not the fact: the imminence.
Not the great bird's flight
but the brush of a wing.

The words outline
the goal without the limit.
In their perpetual pursuit,
almost seduces and transports me.

I lust forevermore for almost.
For tipping the sweet spoonful from precision.

LE REGALÉ UNA LUPA A MI MAESTRO

En memoria del poeta José Viñals

Era casi minúscula y gigante
como su colección de ojos.
En sus últimos años
—y todos fueron últimos—
no podía leer sin esa ayuda.

Movía su barriga entre paréntesis
arrastrando una máquina de oxígeno.
Fumaba sus hipérboles.
Tenía un surrealismo de víscera de campo.
De niño confundía caballo con papá.

Cierto día me dijo que soñó
con un hombre colgado de una soga:
un pie descalzo, el otro
con una media negra.
¿Por qué tenía pies que discrepaban?

Cuando fui a dar el pésame
vi la lupa dormida
sobre una hoja en blanco,
aumentando el silencio.

I GAVE MY TEACHER A MAGNIFYING GLASS

In memory of the poet José Viñals

It was almost miniscule and vast
as his eye collection.
In his last years—
and all were last—
he couldn't read without it.

He'd shift his belly among parentheses,
hauling his oxygen device.
He'd smoke hyperboles.
His surrealism was a thing of rural viscera.
As a boy, he mixed up horse and father.

One day he said he dreamed
a man was hanging from a noose:
one foot bare, the other
in one black sock.
Why were his feet at odds?

When I went to offer my condolences,
I saw the magnifying glass asleep
on a blank page,
expanding the silence.

DE LA RELATIVA IMPOSIBILIDAD DE ABRAZAR UNA MONTAÑA

Se abraza una montaña
con los brazos de otros.

Rodear la perspectiva
para vernos ahí:
el cuerpo donde el ojo desarmado.

Hay más fe en la distancia entre las cosas
que en mi debilidad para cruzarla.

ON THE RELATIVE IMPOSSIBILITY OF EMBRACING A MOUNTAIN

You have to hug a mountain
with the arms of others.

Encircling perspective
to find yourself there:
the body where the eye's disarmed.

There's more faith in the space between things
than in my struggle to cross it.

PROPÓSITOS DEL VIAJE

Amar sin desconfianza
los cambios que me traiga la quietud,
así como la paz de quien se mueve
y se transforma en tránsito. Partir
inaugural, no ingenuo.
Despedirme aunque ahora no me vaya.
Celebrar que ignoramos el destino.
Tomar un día libre
entre tanto trabajo de la muerte.

REASONS TO TRAVEL

To love unguardedly
the changes wrought by stillness,
just like the peace of someone on the move,
transforming with their transit. To leave
inaugural, not innocent.
To say goodbye even if I don't go yet.
To celebrate that we don't know the destination.
To take a day off
amid death's labors.

FANTASMA DE LA LENGUA

Cuando se rompió el brazo de mi madre,
ya nunca fui capaz de pronunciar
el nombre de ese hueso.

Después de que operaran a mi padre
en aquel mediodía de cuchillos,
se me olvidó la parte intervenida.

Desde que mis amigos pierden órganos
y cruzan la frontera,
balbuceo al tratar de enumerarlos.

Ahora me sucede eso de ahí,
donde te lo señalo con el dedo
como un ruido lejano.

Iré extraviando así cada palabra
hasta quedar sin léxico ni cuerpo,
fantasma de la lengua,
puro yo nadie.

PHANTOM OF THE TONGUE

When my mother broke her arm,
I never managed
to pronounce the bone.

After my father's operation
on that midday of knives,
I forgot the part they'd intervened into.

Ever since my friends lost organs
and crossed the border,
I stutter when I try to count them.

Now that's happening to me,
right where I'm pointing to,
like a distant noise.

And so I'll lose each word
until I'm left without a lexicon or body,
a phantom of the tongue,
sheer me, no one.

I DON'T KNOW WHY

No sé por qué venero la pornografía

esta mansa costumbre del salvajismo ajeno

cuando contemplo el placer de los otros

mi parte fugitiva se complace

espiando al que no soy

fornicando sin mí

veo reflejos

perversiones caseras

feliz de estar aquí con nadie

I DON'T KNOW WHY I worship porn
this docile predilection for the savagery of others
when I observe their pleasure
my most fugitive side is sated
spying on who I'm not
copulating without me
I see reflections
homemade perversities
glad to be here with no one at all

No sé por qué me encantaba fumar
el humo quema el idioma
las urnas funerarias son grandes ceniceros
mi madre se llevó en el bolso su pulmón
me desprecio por no salvarla en mí
¿estaré desprendiéndome
hacia un lugar en blanco donde solamente
quedan seres volátiles
que la cuidan fumando arrepentidos?

I DON'T KNOW WHY I loved to smoke

the smoke itself burns language

cremation urns are ashtrays

my mother kept her lung in her handbag

I scorn myself for not saving her in me

could I be detaching

toward some blank place solely inhabited

by airborne beings

who tend to her smoking remorsefully?

No sé POR QUÉ tus pies me interesan más
a medida que van envejeciendo
tus pies como los míos no bailan y se pisan
y tienen dedos tontos y algún callo rebelde
reconozco tus pies cuando nos tropezamos
cuando quererse es un estado de torpeza

I DON'T KNOW WHY your feet enthrall me more
as they age
your feet like mine don't dance they trip
and sport dumb toes some rebel callus
I recognize your feet when we bump into each other
when love's a state of clumsiness

No sé POR QUÉ me enjabono primero la entrepierna

mis duchas son jerárquicas

algún día quisiera comenzar por las axilas

los tobillos los muslos

qué poco sabe un hombre sobre autoerotismo

después eyaculamos mal especulamos

hacemos daño entramos en desagüe

I DON'T KNOW WHY I first soap up my crotch

my showers are hierarchical

someday I'd like to start out with my armpits

ankles thighs

men know so little about autoeroticism

then we ejaculate lamentably we speculate

we cause some harm slip down the drain

No sé por qué confundo mi impaciencia

con la lentitud de las cosas

¿esa hoja de ahí

tarda en caer

porque la gravedad es perezosa? voy

a morirme mañana pasado como mucho

la hoja todavía no habrá tocado

el suelo

I DON'T KNOW WHY I mistake my impatience

for how slow things naturally are

that leaf over there

does it straggle down

because gravity's a slacker? I'm going

to die tomorrow the day after tops

the leaf won't yet have touched

the ground

No sé POR QUÉ miro más a los pájaros
cuando apenas caminan
que al levantar el vuelo
bajo este sol de trapo
entre árboles posibles
un pájaro terrestre
es un hermano
casi

I DON'T KNOW WHY I pay closer attention to the birds
when they're hopping along
than when they start to fly
beneath this rag-gray sky
among possible trees
an earthly bird
is like a brother
almost

No sé POR QUÉ lloramos mejor con las ficciones
que con el argumento de la propia vida
pero cuando las luces
se encienden cuando se abre la puerta
los personajes salen y nos siguen
asisten en silencio a nuestros diálogos
a veces aplauden en general se aburren
nos acompañan sufren con respeto

I DON'T KNOW WHY we cry better at fiction
than at the plot of life itself
but when the lights
come up and the doors swing open
the characters file out and follow us
watching our conversations silently
sometimes they clap mostly they're bored
putting up with us respectfully

No sé por qué decimos que la música es abstracta

confundimos el cuerpo con su radiografía

la música es muy concreta

tiene su afinación su timbre su volumen

está hecha de cambios sobresaltos síncopas

la componen personas que tosen y defecan

la tocan seres calvos con dolor de espalda

la escuchamos nosotros

que somos milagrosamente feos

que somos todo oídos

I DON'T KNOW WHY we say music is abstract

do we mistake the body for its x-ray

music is quite concrete

it has its tuning timbre volume

it's made of changes shocks and syncopation

it's written by people who cough and defecate

it's played by balding beings with lumbar pain

we listen to it

we the miraculously ugly

we who are all ears

No sé por qué contesto los mensajes

con avidez de náufrago como si alimentaran

dedicamos más tiempo a los desconocidos

que al sexo oral o al sol o a contar chistes

se me ocurre un epitafio

escribió que no estaba porque estaba escribiendo

deberíamos vernos festejar cumpleaños subir montes

repartirnos la muerte que pesa menos

sobre varias espaldas

I DON'T KNOW WHY I answer messages

with shipwrecked eagerness as if they could nourish me

I dedicate more time to strangers

than to oral sex or jokes or sunlight

I think I've found my epitaph

"he wrote he wasn't home because he was writing"

we should meet up go for a birthday drink hike in the woods

death's not so heavy if you carry it

on many backs

No sé por qué me río si me consta la muerte

su patada su olor primera hipótesis

reírse es un tratamiento preventivo

segunda hipótesis

la risa es un buen truco

para que el cadáver desaparezca del escenario

tercera hipótesis reírse

es agradecimiento

celebración de los ausentes

que alguna vez también se divertían

I DON'T KNOW WHY I bother laughing if I'm aware of death

its kick its smell first hypothesis

laughing is a preventive treatment

second hypothesis

laughter's a good trick

for getting the corpse offstage

third hypothesis laughter

means gratitude

a celebration of whoever isn't there

but used to love the show

Andrés Neuman was born in Buenos Aires, Argentina. He was selected as one of *Granta*'s Best of Young Spanish-Language Novelists and was included on the Bogotá-39 list. He is the author of numerous novels, short stories, poems, and non-fiction books, including *Traveler of the Century* (FSG), which won the Alfaguara Prize and the National Critics Prize, and *The Things We Don't Do* (Open Letter Books), which received the Firecracker Award for Fiction. His poetry was awarded the Federico García Lorca and Hiperión Prizes, among others. His works have been translated into twenty-five languages.

Robin Myers is a Mexico City-based poet and Spanish-to-English translator. Deep Vellum published her translation of *The Book of Explanations* by Tedi López Mills in 2022. Other recent translations include *Bariloche* by Andrés Neuman (Open Letter Books, 2023). As a poet, Robin's work was selected for the 2022 *Best American Poetry* anthology. Her collections have been published as bilingual English-Spanish editions in Mexico, Argentina, Chile, and Spain.